12 septem̃ 1621 54

LES SIGNES ET PRODIGES,

APPARVS SVR LA ville de Paris, Sainct Denys & autres lieux.

LE SOIR DV DIMANCHE douziesme Septembre 1621.

Ensemble les diuers iugemens decertez sur ce mesme suiect.

BIBLIOTHEQVE ... LE SENNE ... 66 ...

A PARIS,

PAR ABRAHAM SAVGRAIN.

Auec Permißion.

1621.

The Right Hon.ble Charles Viscount Bruce of
Ampthill (Son & Heir Apparent of Thomas Earl
of Ailesbury) & Baron Bruce of Whorleton

LES SIGNES ET PRODIGES

apparus sur la ville de Paris,
S. Denys & autres lieux.

Le soir du Dimanche douziesme
iour de Septembre 1621.

*Ensemble les diuers iugemens deçertez
sur ce suiect.*

DIEV parle souuente-
fois aux hommes par
signes & prodiges, &
se sert volontiers de la nature &
de ses effects naturels tant ordinaires qu'extraordinaires, pour
nous faire entendre les ressorts
de sa Diuine volonté.

A ij

Ainsi la Comette qui appa-
rut au temps de Charles Martel
sur nostre Hemisphere Fran-
çois, ou tant de iudicieux per-
sonnages, furent employez
pour en donner raison, qui fut
bien tost cogneuë par l'arriue
de la sourcilleuse & prod gieu-
se armee des Sarrasins.

Ainsi vn peu auparauant
que le Turc Baiazet exerçast sa
tyrannie aux despens du sang
Chrestien sur la ville de Con-
stantinople, vne grande lumiere parut comme sortant du
Temple de saincte Sophie,
monstrant par là que la faueur
du Ciel abandonnoit les Chre-
stiens pour leurs pechez, & ex-
posoit l'Empire d'Orient à la
mercy des Infidelles.

Ainsi ceste prodigieuse Comette, qui parut l'espace de
plus de cinq semaines en Fran-
ce & Allemagne du costé d'O-
rient, il y aura bien tost trois
ans? N'estoit-ce pas vn signe
certain de tous les malheurs
que nous auons veu depuis ce
temps arriuer en l'Empire.

Ainsi deuons nous redouter
les iugemens de Dieu, quand
ils nous aduise de nostre de-
uoir par les signes & prodiges
qu'il luy plaist faire paroistre
sur nos testes.

Il est donc à remarquer que
Dimanche dernier douzielme
du present Mois de Septembre,
incontinent apres les neuf heures du soir, le Ciel estant fort
net & serain, parurent de tres-

grandes lumieres en l'air, auſſi ordinaires comme lors que la Lune eſt en ſon plein, combien que lors elle fuſt tres-foible & au cinqieſme iour de ſon dernier quartier, auquel elle ne luit nullement.

Entre ces lumieres ainſi extraordinaires, diuerſes petites nuees blanches apparurent, leſquelles comme par eſcadrons ſeparees les vnes des autres, venoient par apres a donner l'vne dans l'autre d'vne celerité prodigieuſe, apres quoy diſparoiſſans, d'autres ſe preſentoient & aux approches enuoioyent comme formes & manieres de laces & de fleches les vnes contre les autres, de meſme que des eſcadrons qui viennent furieu-

sement au choc, & apres s'estre
quelque peu combattus se per-
doient & ne paroissoient plus,
& tels combats furent veus depuis les neuf heures du soir, ius-
ques sur les deux heures apres
minuict.

Ceux de Mont-martre & S.
Denys en-France, & plusieurs
autres personnes qui pour lors
estoient à la campagne ont dit
de plus, que parmy ces combats
& ces nuees blanches, qui ren-
doient l'air aussi clair qu'en
plain Midy, parut comme vne
grande tente ou pauillon de
camp & de guerre, contre le-
quel de plusieurs nuees sor-
toient des lances & des flesches,
qui estoient lancees là dessus,
comme si c'estoit quelque fort

que l'on allast assaillir & combattre, ce qui dura l'espace de plus d'vne bonne heure, puis cela aussi tost disparoissoit de mesme qu'il estoit arriué : & sur toutes ces apparitions n'y a eu fautes d'habiles hommes & d'autres qui ont voulu faire les iudicieux pour en donner leur iugement : ce qui me peut à la verité coniecturer que quelque mal futur qui menace les Orientaux de quelque trouble secret, ou du costé de la Turquie, ou du costé de l'Allemagne : Dieu vueille destourner tous ces maux de nostre Frace. Cela n'a pas seulement paru sur la ville de Paris, mais aussi aux enuirons d'icelle se sont veus d'autres prodiges.

Quelques

Quelques particuliers ha-
bitans du pont de Neuilly,
gens dignes de foy & de
creance, asseurent auoir veu
sur les dix à onze heures du
soir, ainsi comme ils estoient
sur ledit pont, outre les apparitions susdites, vne nou-
uelle Comete cheueluë, non
du tout si grande que celle qui
parut en diuers pays il y a
quelques annees, laquelle se
vit l'espace d'enuiron deux
heures & demie, au milieu
de quelques nuees claires &
lumineuses. Or pour les iugemens diuers que l'on fait de
ces admirables apparitions.

Les vns disent que ces
grands & extraordinaires

mouuemens de nuées, eſtoient
des reueiberations de diuers
élans de la mer, qui au meſme
temps pouuoit eſtre merueil-
leuſement eſmeue & agitée
de tempeſte & d'orages.

Les autres ont eſtimé que la
cauſe de ces lumieres pouuoit
procedder du leuer de quelques ſignes extraordinairemét
luiſans.

Mais comme ces apparitions
ſont extraordinaires, auſſi viennent elles de quelques cauſes
& ſubiects extraordinaires, oc-
cultes & incogneues aux hu-
mains, il n'y a que Dieu ſeul auquel en eſt reſeruee la cognoiſ-
ſance: Car de dire que cela pro-
cedde de l'agitation extraor-

dinaire de la mer: il ne se peut,
d'autant que l'apparition de
ces choses se fust veue plustost
du costé du couchant & de
celuy de la mer, or elles se vi-
rent du costé du leuant, où il
n'y a point de mer, partant cet-
te raison ne subsiste.

Aussi peu est il vray sembla-
ble que ces lueurs proceddent
du leuer extraordinaire de
quelques signes, car comme les
signes & les Astres emprun-
tent toutes leur lumiere du Soleil, il n'en pouuoient alors
auoir de si grande, que tout vn
Hemisphere en peut estre es-
clairé, comme il estoit alors, &
à l'heure mesme que le Soleil
estoit en l'autre Hemisphere.

Ce sont donc vrayement
des prodiges, & des messa-
gers diuins & des Sergens à
verge de la Iustice de Dieu
qui nous signifient sans dou-
te qu'il est en colere pour
nos offences, nous admone-
stent aux amandemens de
vie, & à la reformation de
nos mauuaises habitudes. aussi plusieurs personnes sages
& discretes ont bien sçeu
prendre cecy pour vne muet-
te exhortation du ciel, &
pour quelque sinistre euene-
ment, qui est prest à tom-
ber sur nos testes, si Dieu
n'est appaisé par l'humble o-
blation de nos prieres: & sur
tout les plus iudicieux en l'art

de l'Astrologie coniecturent
de cecy quelque malheur, ou
quelque trouble certain pour
les Orientaux, Dieu nous pre-
serue s'il luy plaist.

FIN.

BIBLIOTHEQUE NATIONALE R.F. ESTAMPES

www.ingramcontent.com/pod-product-compliance
Lightning Source LLC
LaVergne TN
LVHW050434060726
842526LV00007B/2590